En toi
je me repose

Les Impliqués Éditeur

Structure éditoriale récente fondée par L'Harmattan, Les Impliqués Éditeur a pour ambition de proposer au public des ouvrages de tous horizons, essentiellement dans les domaines des sciences humaines et de la création littéraire.

Déjà parus

Al-Kasimi (Ali), Les sept ports de l'amour, 2021.

Divo (Jean), *Éleuthère ou mots libres au jour le jour*, 2021.

Ben Kerroum-Covlet (Antoinette), *L'Abrazo Tango dans l'Affaire*, 2021.

Loubeyre (Bertrand), *Lalibela*, 2021.

Traoré (Sy Antoine), *En quête de spiritualité*, 2021.

Salouo (Armand), *Cameroun : en avant la république !, Au-delà de l'alternance et de la forme de l'État*, 2021.

Vahabi (Nader), *Les mystères du sommeil. Expressions populaires. Français – persan – anglais*. Illustré par Huguette Bezombes, 2021.

Holleville (Catherine), *Le frondeur rouge*, 2021.

Robert (Maurice-Charles), *Le Masque*, 2021.

M'Pwâti-Titho (Claude Benjamin), *N'time M'voumvou. Le cœur de M'voumvou*, 2021.

Ces dix derniers titres de ce secteur sont classés par ordre chronologique en commençant par le plus récent.
La liste complète des parutions, avec une courte présentation du contenu des ouvrages, peut être consultée sur le site :
www.lesimpliques.fr

Louise-Amalia Fischer

En toi
je me repose

Les impliqués
Éditeur

© 2021, Les Impliqués
5-7, rue de l'École-Polytechnique – 75005 Paris
www.editions-harmattan.fr
ISBN : 978-2-343-25101-1
EAN : 9782343251011

2016

LOIN DES SAGESSES

Loin des sagesses des siècles
Éclairée par ta Parole
Je m'approcherai de toi
Pour t'offrir des cantiques nouveaux

Loin, près du désert et près des sources
Inondée du souffle et de la lumière
J'accomplirai mes vœux envers toi

Par mes lèvres, ta Parole sera versée
Lumière et sel dans le silence

Ce que nul œil n'a vu
Ce que nulle oreille n'a entendu

Ma bouche le chantera

Ce qui n'est pas monté au cœur de l'homme
Ce que l'Esprit révèle à ceux qui l'aiment

Ma bouche le chantera

Par Sa grâce et pour Sa gloire
Par l'Esprit qui sonde Dieu
Ma langue célébrera le Seigneur

VASES D'ARGILE

Nous sommes vases d'argile où ton souffle se révèle
Vases brisés, aux fissures traversées
D'un flambeau de lumière

Saint d'Israël, nous sommes formés par toi
Nos corps cheminent, poussière parmi les hommes
Sel et reflets de ciel

Sur la terre, nous sommes, de sang, apatrides
Nos fronts sont marqués de ton sceau
Nous marchons sur une terre que d'autres ont foulée

Nos yeux sont oints pour voir au travers
Au travers des brumes et des sables
Pour voir et suivre
La colonne de souffle et d'Esprit

Après des milliers d'années et des milliers de jours
Les semelles à nos pieds ont frappé le sol
Sans s'user
Et les ceintures ceignent toujours nos reins

Nos gorges sont sèches, Père
Agenouillés auprès de tes sources
Nous recevons la grâce
Et ton eau rafraîchit nos fronts

ENTRE TES MAINS JE VIS

Père de ma vie,
Au jour de ma venue, au jour de ma vie
Tes mains m'ont lavée à l'eau et à la lumière
Tes mains m'ont offert une forme
Tes mains ont loué les merveilles que tu donnes
A tes yeux
Tes mains ont annoncé ta joie glorieuse
Le jour, ta langue rend justice aux cieux
La nuit, tu racontes aux étoiles ta tendresse
Pour moi

Au jour de ma vie, tu as médité sur ton œuvre
Je suis ta créature, je suis née de toi Eternel
Tes mots m'ont touchée à ma naissance
Ils ont conduit mon oreille aux sources de ta voix
Ils ont rempli de bénédictions mes regards

Tu creuses pendant mon sommeil un puit profond
Pour couler en torrent au fond de mes jours

Le jour, ta langue rend justice aux cieux
La nuit, tu racontes aux étoiles ta tendresse
Pour moi

Au jour de ma venue, au jour de ma vie
Ta bouche a crié « vie » dans les cieux
Lorsque ta main ouvrait mes yeux

ETOILE NAISSANTE

Je m'attache à la vérité
Je marche le cœur scellé par ta promesse

J'attends que tu m'inspires mon prochain pas
Par ta Parole tu traces mon chemin

Tu mets en lumière mes attentes
Ton vent souffle / purifie / souffle, épuise mes mots
Epuise la source de mes mots
Ma pensée, ce désert,
Nuit que la Parole éclaire

Je me tais. J'écoute ton cœur en chemin vers moi

Dieu de ma vie
Ce désert, vent, larmes et sable
Etoiles naissantes, noble descendance
De la poussière
Ce désert est nôtre
Terre de réveil et terre d'exil
Terre d'attente et d'émerveillement
Devant nous, Canaan se dévoile

JE DESIRE ATTENDRE

Je désire attendre ta Parole
Et t'offrir des temps et des heures
Où je la retrouverai, claire comme l'eau

Et ma voix soudain se remplit
T'exprime le fond de mon être
A travers des cordes sensibles
S'entrevoient les sources de ma vie

Pas à pas,
Le regard à l'ombre du cœur
Je découvre des hommes sur mon chemin
Des hommes vivent et viennent autour de moi
Ouvrent des portes, en ferment d'autres

Je désire te confier toute ma pensée
Me reposer, sereine de vivre
Naître de l'Esprit au temps de notre tête-à-tête

LE SOUFFLE DE MON PERE

Je suis née pour l'eau et pour le silence
Pour ta présence
Pour l'éveil, et pour chaque jour voir ton visage

Je suis née pour le repos
Et pour entendre le chant d'un cœur presque
silencieux, le tien

Il m'a attendue un jour ou pendant mille ans
Egal à lui-même,
Prêt à se donner à moi, doux comme un souffle

JE ME CONFIE EN TOI

Délie la porte de mes lèvres
Pour que je me confie en toi
Ouvre mon cœur
Afin que je puisse crier à toi

Les mots sont absents de ma bouche
Je garde mes pensées secrètes
Comment t'exprimerais-je mon angoisse ?
La laisserais-je couler vers toi ?

Viens trouver mon âme et sa détresse
Souffle à travers moi, que ton souffle me traverse
Que ton souffle me traverse
Me remplisse de ta vie et de ta présence

GENESE 2

Mon Père, façonne-moi
Emmène-moi vers l'homme
Celui que Tu m'as choisi
Qu'en ton temps
Il te confie :
« Cette fois, c'est l'os de mes os,
La chair de ma chair.
C'est elle, elle que j'appellerai ma femme,
Celle que j'aime. »

Mon Père, façonne-moi
Un mari
Un homme selon ton cœur
Qu'en ton temps
Il te confie, me regardant :
« C'est elle qui me fait comprendre
Le miracle de ta Création. »

TU DEVIENS

Près de toi, je me repose,
Je contemple le monde,
Et rien n'est plus comme avant,
Tu deviens
L'oreille attentive à mon cœur,
L'oreille dont j'ai besoin.

Tu m'écoutes.
Peu à peu j'en prends conscience,
Je me confie en Toi, et j'espère,
Je décide de te regarder,
Je décide de t'offrir ma place
Et de patienter,

Je reçois le temps que tu me donnes
Comme une promesse
Qui dit : « Je suis là et je réaliserai »

OUVRE TES LEVRES

Fais briller ta lampe sur mon visage,
Qu'à ta lumière je m'avance dans les ténèbres

Ouvre tes lèvres,
Annonce-moi les secrets de ta sagesse
Je t'écoute, j'attends ta Parole
Comme on attend la pluie

CREATION I

Mon Père est le Créateur
Il a créé la terre et le ciel, le ciel et la mer,
Il a créé l'océan et tout ce qui l'habite,
Par amour, il crée,
Par son souffle, il donne la vie,
Il est la vie animant les êtres

Les fonds marins lui appartiennent,
Son œil seul sonde l'obscurité des profondeurs,
Son œil seul voit comme en pleine lumière
Les êtres qui les habitent,
Et perçoit dans les bas-fonds
Les couleurs des massifs coraliens

Par sa voix, par son souffle,
Dieu tapisse les profondeurs marines,
Il crée un jour les feuilles qui meurent
Au soir de leur vie,
Et chutent en dansant dans le lit des rivières
Pour rejoindre la mer et ses bas-fonds,
Devenir des tapis où reposent les étoiles

Dieu a créé ce que l'homme voit sur la terre
Et ce que l'homme ne peut voir,
Et son œil contemple. Majestueux spectacle !
Où rien n'est parfait silence,
Où chaque vie s'offre,
Son parmi les frissons du monde

Il commande au matin et fait paraitre l'aube
Il étend le soir la voûte céleste
Et enflamme les cieux d'aurores
Il commande au vent qui répand des filets d'eau
Sur les roches
Et balaie les cascades en déviant leurs chutes
Il amasse les gouttelettes d'eau
Pour former les nuages
Il choisit le temps de leur expansion,
Ils prennent forme
Soudain, la densité brise leur serein voyage,
Ils tombent en pluie sur l'homme

2017-2018

Avenir

Le grillage n'est qu'une expression
de mes sentiments négatifs
Il n'est plus
La porte est une fois ouverte, jamais refermée

*

Lumière, mon ombre, Lumière
Ta lumière, de mon être, dissipe toutes ténèbres

Avenir (suite)

Fais danser mon être – pour Toi – chaque jour

TANT NOS SOUFFLES SONT COURTS

Tant nos souffles sont courts
Je t'appelle : regarde-moi
Souffle — je dois respirer – Souffle — en toi je
Respire

Murmures. Ce n'est pas ce que je recherche.
Je te recherche toi, balayant l'atmosphère
Anxiogène, je te sais là

Sans forces, avec pour seul secours ta croix.
Presque déserte, s'enrichir et devenir en toi

Lassitude. Terre. Solitude installée
D'un état temporaire.
Se défaire – désinvestir mes pensées d'un monde.
Trouver en ta Parole la terre où poser le pied.

A TETE REPOSEE

Je trouve mon identité en Toi, je m'exprime

Tu me tends l'eau, je prends le verre,
Le repos s'installe peu à peu en moi

L'eau est vive

Tu afflues en moi, Torrents de paix
Triste silence
Tu es, Tu viens, rappelant Ton Nom El Shaddai

Soulèvements

Soulèvement
Mes pensées en fuite s'effacent
La chair s'oppose, L'Esprit veut
S'effacent pour laisser place à l'avenir

Supplications

Entre silence et paroles

A TETE REPOSEE (SUITE)

Face à Face : Tu resplendis, Eternel

EN MOI, TU ES

Confiante, solide comme le roc sur lequel tu bâtis
Mon être, tu avances
Le rêve qu'Il a placé en toi est sources
Et tu puises ta force en Lui
Il te rend malléable – et ton esprit, *souple*, l'écoute

Ce matin, Ta Parole a résonné
Comme un chant qu'on allume en moi

REFUGE

Jésus, tu es celui qui vient, et tu viens à moi,
Mon Roi
Tu m'attends dans l'horizon que tu nous as créé

Ma vie est une rivière
Ta Paix est la source où je puise en silence

Tu es Souffle profond
Et de partout pour moi tes pensées s'expriment

Tu es refuge Pluie battante au-dehors
Tu es Promesse d'asile

Tu es Paix en moi
Tu fais Paix au-dedans de moi

ACCUEILLIE

I.
Je suis vase de lumière
Fragile, rassemblée en tes mains
J'ouvre et prends souffle en Ta Voix

Ta voix appelant la mienne
Ma voix à toi se donne

II.
Accueillie Assouplie
Ma parole intérieure
Se présente à toi nouvelle
En confiance Prend corps

S'affranchit en l'échange

III.
De ma bouche à ton cœur : Portées torrentielles
Mienne, Ta prière

Repos

IV.
Le souffle longtemps retenu
Implose
Mon corps adouci de lumière
S'apaise

V.
J'arrache des cris au silence
L'espérance
Côté Levant s'oriente

RE-NAISSANCE

Il y a les autres et il y a Toi. Toi, tu me connais
Dans le dos, des rayons frappants de souffrance
Pénètrent là où la voix s'éteint
Différente, je m'attends à Toi, familière, je le suis
Pour Toi
Et ma prière s'est tue – silence – n'est plus verbale
Silence pour Toi, Fils tu t'exprimes

Ta Tendresse est vie

Là-bas, le vent se lève, et l'hirondelle y joue

J'attends dans une chambre grise
Que Tu viennes ôter mon fardeau
M'inondant de Toi, ma Lumière

J'APAISE TA SOIF

Eaux

Dans ce désert, mes yeux se posent sur tes rivières
Et leurs eaux se répandent, désaltérant mon regard

Elie, David y étaient, eux,
Dans le désert tempétueux,
Dans la fuite, dans la caverne,
Dieu était lui-même avec eux

Mes frères, je les retrouve,
Et le même Esprit qui vivait en eux vit en moi :

Ton souffle est sur moi, mon esprit reprend vie :
Je viens à la vie, Jésus

LA OU TON PAS SE FAIT ENTENDRE

En mon éveil, le monde éveille,
Au bruit des guerres,
Un sentiment,
L'éclair, le sourd parfum de la poussière
Un sol que la lumière dévale

Mon pas, las, a traversé un temps révolu
Mon pied, sur la terre glaireuse, s'affermit

Saisie par ta main, je traverse l'eau et le feu,
D'un seul élan vers toi
Ta ceinture à la taille, je marche sur les braises
Je me tiens là, tu me l'as demandé
Là où ton pas se fait entendre, sur la cime

Dans la nuit, mes paroles, issues du silence,
S'élèvent vers celui qui m'exauce.
Ta lumière, réfléchissant mes mots,
Découvre l'avenir

Ma main dans ta main, venus du dehors,
Hors des frontières du monde,
Nous avançons à contrejour
Pour ne pas brusquer le regard des étoiles

LUMIERE ET OR

La tête entre tes mains
Mes mains recueillent parole après parole
L'eau éternelle que tu y verses

Tes mains fidèles me façonnent
Et, vent crépusculaire, affranchissent le corps
Le corps, pour toi, potier, lumière et or

Ma vie, fragile entre tes mains
Rappelle au monde entier qu'en toi seul
Je me reconnais

LES VENTS DU MONDE

Sous le ciel, bassin renversé des étoiles
Les paroles d'El Shaddaï se répandent

Ton peuple, d'un même pas, vulnérable en l'exil,
De rivières en rivières,
Ceint de prières et de louanges,
Les yeux tournés vers la lumière, témoigne

Hamadas. Les pieds sur les plateaux rocailleux, je vois :

Les souffles indéfinis des poussières
Et les corps qui cheminent, gravant leurs silhouettes
Sur les sables amers,
Mouvements lointains étoilant une destinée.

Je pose mon front sur le roc
L'écho de tes torrents rafraîchit mon visage

L'œil enrichi des couleurs conquises
La sandale ôtée et le cœur brûlant
Je marche, conduite par Toi
Assoiffée du courage d'aimer

Ton Nom brise mille barrières au-devant de mes pas

Vois Vois le pied solide foulant la terre fugace
Vois l'ardeur que transmet le pied à la danse
Vois le regard tranquille et l'œil redoutable
Qui conquière la distance dans l'adoration

Vois Vois le splendide effort du pied
Aguerri par la marche
Vois l'Esprit versant l'allégresse

Vois, à rebours des vents du monde
Ces hommes aux pieds nomades
Et aux cœurs sédentaires

TA PAROLE

Ton pied, frappant les cendres : ordre et silence
Disperse en un jour tous les siècles établis
Rumeurs inachevées du monde

Son feu, ton empreinte
Force où puisent les étoiles
Ouvre l'Éternité, soudain
Souffle ses braises sur des déserts de paille

Ces déserts
Héritages disparus, transparence verbale
Se racontent faibles métaphores des temps

Je détourne la tête, je sais que tu arrives
Ton vol, tracé ferme, trajectoire affranchie
De toi à moi
Rappelle l'exigence conduite à son terme

Ma parole, simple respiration
Soulève des vallées d'ombre dans la fraicheur
Des airs

Préservé de beaucoup de douleurs
Mon pied, soutenu par ta main
Se pose vierge sur la terre nouvelle

Je te retrouve
Et ton visage est promesse pour moi
Appel et déclaration

JE TE FAÇONNE COMME ON LEVE UNE VOILE

Nos pas : côte-à-côte sur l'eau

Ma main répand la pluie sur ton visage

Je te façonne comme on forme un nuage

Je te façonne comme on lève la voile

MON NOM A UN VISAGE

« Mon nom a un visage »

Chant

I

J'apprends de toi qui je suis
Vase, et toi potier
Vase et je te reçois, Lumière des temps

Cruche, je puise l'eau
Eaux vives et Profondeurs de ta source

II

Source, abondance de paix
Jaillissent
Là où j'observe
Qu'un pan de mur s'effondre

Là où sources et torrents
Fraicheur des temps à venir
Prennent naissance
Jaillissent
Des blocs et béton
Source et sens émancipés

III

Ma main, en réponse à ta main
Apporte douceur
Ma voix, en réponse à ta voix
T'apporte un chant
Qui de mes lèvres au ciel s'élève

IV

Mes oreilles mes yeux ont été ouverts
Par eux j'ai reconnu Adonaï

Couvert par l'ombre et par la main
Ton visage, flambeau de brume
Ton visage à moi s'est offert

Ma main a recueilli
Chaleur et vent tes pleurs
Ont frappé ont frappé mon cœur

V

Près du puit
A la lumière du midi
Ton regard posé sur une pierre
M'attendait

Tu étais là dans le silence
Je marchai à toi
Puis touchai ton épaule
Tu tournas le visage vers moi
Et je te vis

VI

Tu seras
Puissance en moi jusqu'à soulever terre
Chant pénétrant qui relève ruines

VII

Ton regard est geste,
Attention retenant le monde

VIII

Ecoute
Elle te vient Fleuve non retenu
Ses multiples flux enrichis de toi

On l'entend Résonance de la vie
Et de la création
Voix qui ne faiblit pas

Elle est mouvement, elle est vie

Écoute et vois
Ses eaux jamais éteintes
Ses chutes de lumières tangibles

IX

Ta Parole
Je l'ai attendue
Elle m'a été donnée
Elle a rappelé à mon regard *ce qui est*
Elle a touché l'ombre en moi, la solitude

Lumière des cieux
Ta Parole
Est devenue Lumière à mes yeux

UNE ETOILE EN ORIENT

La ville s'enveloppa de silence et d'étoiles
Au jour où Bethléhem, Bethléhem Ephrata
Répandant le parfum de la bonne nouvelle
Devint le berceau et la paille d'un roi

Entendait-on alors la voix de l'Eternel
Plus éclatante que l'or à la lumière du jour,
Environner le premier soupir de Sion ?
Sortir de sa ville bien-aimée,
Et dire : Voici mon Fils, mon Fils aîné ?

Comme un prophète crie et chuchote à la fois
Ouvre ses lèvres pour offrir une promesse
Puis se tait, tu es venu au monde
Tu es venu, comme un secret qu'une bouche con-
                                         fesse
A une heure tardive où les hommes sommeillent
Où des bergers partagent les veilles de la nuit

Oh ! Jour de Bethléem, Bethléem Ephrata
Nuit prophétisée, nuit promise !
Ce soir, réveille-toi car tout le ciel frémit
Eclairé de louanges et murmures joyeux
La nuit devenue jour
Accueille, dans un souffle, un enfant

Une étoile en Orient repose sur la ville
Illumine les cœurs d'espérance
Le temps s'éteint ce soir, laisse place à l'oubli
Et à l'exaucement

Emmanuel,
Enfant de la poussière et d'éternité
Visite de l'Aurore et chemin du jour
Soleil levant de la bonne nouvelle

Etoile du matin,
De tout temps appelée à être
A se lever dans les vies
A se former dans le ciel de nos cœurs
Pour indiquer la demeure du Berger
Et la voie de l'éternité

Emmanuel,
Lumière naissante attirant la rosée d'encens
Aux portes d'une étable.

2020

Donne-moi

Donne-moi ta main
Pour que je la prenne
Que je la prenne
Pour te faire marcher
Parmi les brouillards épais
Parmi les vagues d'amertume
Où te noie ta conscience
Donne-moi ta fierté, ta folie et ton temps
Pour que sauvage, encore, tu connaisses la vie
Et que tu me choisisses,
Pour que tu naisses à moi
Et que tu m'appartiennes,
Moi, la vie, la raison.

Rends-moi plus belle encore

Prends-moi dans tes bras
Contre ton sein, là où rien ne m'atteint
Ni les fantasmes, ni la ruine du temps,
Ni la solitude du monde.
Enveloppe-moi de ton feu, tendre et léger,
Fort et toujours brûlant de vie
Rends-moi plus belle encore, belle
Là où la vérité règne, éternelle et suprême
Ciel où la joie ne se mêle pas aux cendres
Et où l'amour ne meurt pas
Etouffé par des passions sans but,
Belle de ce courage du « non » dit
A tout autre dieu
Car je veux la vie, l'abondance

TA MAIN DANS LA MIENNE

Ta main dans la mienne, avançons
Là où rien ne m'entraine dans des chimères
Là où ta vérité, pure, me suffit
Là où je suis bien,
Rassasiée de lumière

L'ABSENCE, PLAIE OUVERTE

Corps étranger, impuissant, inconsolable
Plein d'amertume, gouffre de souffrance
Rien ne suffit jamais à t'éteindre, angoisse et vide.
Tu m'épuises et je te supporte, lourd,
Infiniment sensible

Je redoute l'absence, celle d'un être cher
Qui m'oublierait, m'abandonnant à la solitude.
Je porte encore au fond de moi l'espérance
Mêlant ses douces clartés à l'horizon
De mes blessures

Je crois entendre
L'écho de mes lointains soupirs
Me revenir.

CIEL, ENTRE

Ciel, entre par la porte
Entre par les fenêtres de mon cœur
Ciel, où caches-tu la lumière ?
Je ne vois rien au-delà des nuages
Je suis seule, face au silence
Seule face à ma souffrance
Qui dure

Je ne veux pas de cet état second
Qui enferme les poètes dans la solitude
Sans motif sensé
Je veux dire,
Simplement
Te parler à travers des mots que je choisirai

Je ne veux pas de dualité en moi
Je suis, j'existe, je vis
Je veux dire ce que je traverse
Avec naturel
Pourquoi sublimer ?

Je veux tirer de moi le meilleur
Pour l'écrire, le transcrire,
Comme je le vis

A quoi bon être poète ?
Les poètes ne sont que des hommes,
Hommes parmi les hommes.

Je vois ma souffrance, elle se tient devant moi
Infinie, profonde
Lointaine comme l'horizon terrestre
Je marche et parfois je chante
Je marche là où personne avant moi n'a été
Parce que nul autre ne peut être moi

Mon Dieu,
Pourquoi suis-je ce désert qui boit
Si rarement la pluie
Mais qui longtemps contemple,
Souvent s'émerveille
Singulier, ému par le moindre courant
Qui le traverse
Argenté comme les rayons de lune, la nuit
Puisant dans l'astre du jour leur clarté
Promesses du matin, espoir de l'aube
Dans le pays de mes ténèbres

J'aimerais connaitre un jour pur
Sans autres nuances que les profondeurs de ta joie

A LA SUITE D'ADAM

Depuis longtemps mon cœur ne chante plus
Mon âme, bougie presque éteinte
Contemple sa flamme tremblante,
Miroir, reflet de ma tristesse

Mon oreille
N'entend plus les oiseaux
Semer par les rues de la ville
Leurs légers gazouillis gratuits,
Eternels refrains sans paroles

Ces élans de rimes et de vie
Ces fruits mûrs, porteurs de paroles positives,
Versés dans l'air ambiant par un souffle fécond
Demeurent dans le silence, et ma bouche interdite
Semble lassée – comme mon cœur – de vivre
De s'ouvrir, de donner

Mon cœur, regard obscurci par les larmes
Miroir trompeur pour qui tout est angoisse
Reflète mes soupirs, cent mille peines profondes
S'ennuie

Relève-toi mon cœur ! Soupire après la Vie
Qui modèle les corps et fait naitre les hommes
A la suite d'Adam et Eve
Corps de poussière, de sang et d'os
Animés par un Souffle, éclairés d'un regard

Je suis aveugle
J'écoute plus facilement mon cœur que le cœur
Du Créateur
A mon oreille, j'entends bruire
J'entends des paroles bizarres, une voix domine
Caprice porteur d'ombre et d'orage
Message de rébellion
Voile couvrant d'opacité le sens de la vie

Oh parole apatride, souffle de destruction
Ton mensonge, blessure sans plaie,
Semelles de plomb, lunettes noires
Ton mensonge,
Regard obsessionnel, fantôme de poussière
Je le refuse.

Et je veux renoncer à ces voix mensongères
Pour écouter mon Père qui dit : « je t'ai créée »
J'entends battre ton cœur quand tu ne l'entends plus
Le temps, le sens, la foi, la vie sont dans ma main
Défais-toi de ces maux pour m'écouter, je parle.

Les fleurs qu'il nous reste a cueillir

Les choses sont autrement belles pour celui qui sait
                                        Les cueillir
Comme des fleurs des champs
Autrement savoureuses pour l'âme accueillante

LES MOTS, DES IMAGES

Fais-moi marcher dans le silence jusqu'à mon
                              œuvre
Déracine-moi de mon sol de pierres
Arrache-moi aux images, à la fausse fécondité de ce
                              monde
Pour aller droit à toi

Les mots m'assomment, ciel de mes idéaux
Ciel de plomb et de solitude
Mon cœur ne se donnera pas au monde
Les mots, désirs figés comme des images,
Statues de marbre sans équivalent dans la réalité
N'ont fait que traverser mon cœur sans le pénétrer
Ne portant qu'une idée incapable de guérir
Quand j'avais besoin de vivre la présence de l'autre

De vivre
L'amour, comblant la solitude, l'amour rassurant
Et consolateur

J'ai enfermé mon désir dans des mots
Mais ils ne m'ont rien appris de plus,
Ils ne m'ont pas donné la vie
Ils ne m'ont pas appris à vivre,
Ils sont restés eux-mêmes.
Idées sans présence, quand j'avais besoin de vivre
Quand je désirais un *autre*, un être fait de chair

LA FIEVRE DES MOTS

Courants de fièvres, amertume d'abord
Devenus baume au cours d'une nuit trop froide
Où leur signification fut renversée.
Des mots doux, justes, appropriés
Prometteurs et revêtus d'espérance
Rappelant l'essentiel au cœur longtemps meurtri

Paradis de mon Père ignoré des humains
Babylone assoiffée de désirs impudiques
Vous parlez deux langues si différentes
Que seul un enfant saurait encore lire l'amour offert
Au-travers des mots de la Bible

L'Ami

Je crois simplement qu'il y a des amitiés
Qui désaltèrent profondément
Comme la pluie sur un pays
Après la sécheresse

Apprends-moi l'amitié
Comme on reçoit la vie
Au fil des saisons
Persévérante dans les hivers
De quoi avoir un endroit
Où reposer ma tête

Laisse les larmes couler le long de ta joue

Si ton cœur pleure, laisse-le pleurer
Si ton cœur pleure, pleure avec lui
Mais ne laisse pas les larmes
Être plus qu'une calme étreinte

LA FIEVRE M'ABANDONNE

Il y a la souffrance, la brûlure de mon corps
Qui par moments devient tout
Et rien n'existe plus que
La fièvre

Toi, tu me veilles
Tu te tiens auprès de moi, tu ne t'éloigneras pas
Tu me veilles
Oh promesse !
J'écoute mon corps chaque jour s'ébruiter en cris
                                      silencieux
Je te guérirais

Et quand je guérirai
Nous remplirons les mots
Vases vides comme des cruches
Ensemble, au puit de la vie qui s'écoule

Sans ton regard

A mon mari, encore inconnu

Déjà vient l'hiver
Sans ton regard pour me réchauffer
Le cœur

L'hiver, sans toi
C'est mon cœur nu
Sans ta chaleur pour le vêtir

Table des matières

2016 1
Loin des sagesses..3
Vases d'argile 4
Entre tes mains je vis..5
Etoile naissante..7
Je désire attendre 8
Le souffle de mon Père..9
Je me confie en toi...10
Genèse 2 11
Tu deviens 12
Ouvre tes lèvres...13
Création I...14
2017-2018...17
Avenir 18
Avenir (suite)...19
Tant nos souffles sont courts 20
A tête reposée 21

A tête reposée (suite) 22
En moi, Tu es 23
Refuge 24
Accueillie 25
Re-naissance 27
J'apaise ta soif 28
Là où ton pas se fait entendre 29
Lumière et or 30
Les vents du monde 31
Ta Parole 33
Je te façonne comme on lève une voile 35
Mon nom a un visage 36
Chant 37
Une étoile en Orient 46
2020 49
Donne-moi 50
Rends-moi plus belle encore 51
Ta main dans la mienne 52
L'absence, plaie ouverte 53
Ciel, entre 54
A la suite d'Adam 56
Les fleurs qu'il nous reste à cueillir 58
Les mots, des images 59

La fièvre des mots	60
L'Ami	61
Laisse les larmes couler le long de ta joue	62
La fièvre m'abandonne	63
Sans ton regard	64
Table des matières	65